Technical Guide for Fine Pavement Surface Dressing in Shaanxi Province

陕西省精细碎石表处技术指南

陕西省公路局
西安公路研究院
榆林公路管理局
西安正源道路养护工程有限公司
编著

人民交通出版社股份有限公司

图书在版编目（CIP）数据

陕西省精细碎石表处技术指南 / 陕西省公路局，等编著. — 北京 : 人民交通出版社股份有限公司，2019. 6
ISBN 978-7-114-15514-7

Ⅰ. ①陕… Ⅱ. ①西… Ⅲ. ①碎石土—沥青路面—路面基层—道路施工—陕西—指南 Ⅳ. ①U416. 217-62

中国版本图书馆 CIP 数据核字（2019）第 083139 号

书　　名：**陕西省精细碎石表处技术指南**
著 作 者：陕西省公路局
西安公路研究院
榆林公路管理局
西安正源道路养护工程有限公司
责任编辑：石　遥
责任校对：刘　芹
责任印制：张　凯
出版发行：人民交通出版社股份有限公司
地　　址：（100011）北京市朝阳区安定门外外馆斜街 3 号
网　　址：http：//www. ccpress. com. cn
销售电话：（010）59757973
总 经 销：人民交通出版社股份有限公司发行部
经　　销：各地新华书店
印　　刷：北京市密东印刷有限公司
开　　本：880 × 1230　1/16
印　　张：2. 75
字　　数：46 千
版　　次：2019 年 6 月　第 1 版
印　　次：2019 年 6 月　第 1 次印刷
书　　号：ISBN 978-7-114-15514-7
定　　价：40. 00 元

《陕西省精细碎石表处技术指南》
编写委员会

序

随着公路事业的逐渐发展，陕西省公路总里程已超过17万公里，公路养护需求日益增大。现行养护方式多以矫正性养护为主，在路面结构损坏时进行大规模翻修，养护成本较高。而预防性养护可以在保证路面使用寿命的基础上，最大限度地降低公路全寿命周期成本。因此，积极推进预防性养护技术，坚持“优质、预防、绿色、美丽”的养护战略，将成为公路行业可持续发展的必由之路。

陕西省公路局与西安公路研究院、榆林公路管理局、西安正源道路养护工程有限公司等科研机构深度合作，结合陕西省路面预防性养护实际开展试点研究，着力于精细碎石表处技术的推广应用，在总结经验的基础上形成了一系列地方标准及技术指南，为陕西省的公路预防性养护发展提供了强有力的技术保障。

精细碎石表处技术的大范围应用推广，需要树立创新发展观念，建立自上而下的管理制度，逐步引领市场更新完善养护设备，积极培养精细型养护人员；需要每一位公路人的共同作为，树立整个道路行业的精细化设计及施工意识，为实现公路养护事业的可持续发展而努力。

编　者

2019年1月

前　言

精细碎石表处，是指采用专用机械设备，将经精细筛分的单一粒径集料、沥青胶结料等同步撒（洒）布、碾压，或先撒（洒）布单一粒径集料及沥青胶结料，碾压后再撒（洒）布细一档粒径的集料与胶结料，经碾压、养护形成的薄层碎石处治结构。

《“十三五”公路养护管理发展纲要》提出“要实施养护工程精准化、养护生产绿色化，全面开展预防性养护”。陕西省作为西部大开发的前沿地带、“一带一路”倡议的核心区域，实现预防性养护技术的绿色化、精细化设计与生产，对于降低陕西省的公路全寿命周期成本、实现全省公路建养的可持续发展具有重要现实意义。

目前，陕西省在役公路通常存在不同程度的裂缝、松散、坑槽等路面早期病害，若不及时处理，后续养护成本将大幅度增长。精细碎石表处技术通过精密的原材料控制、合理的配合比设计与施工，其工期短、抗滑性及耐久性佳，经济及社会效益显著，必将成为全省公路预防性养护的新方向。

本指南是在借鉴、总结国内外相关应用经验和研究成果的基础上编写而成，分为9章、2个附录，主要内容包括：总则，术语、代号，适用条件，原路面路况调查与处治，材料，精细碎石表处类型与用量设计，施工，接缝与特殊情况处理，施工质量管理与验收及相关试验方法等。

目　　录

1　总则

1.0.1　为指导陕西省精细碎石表处的设计、施工、质量控制与验收，制定本指南。

1.0.2　精细碎石表处的设计、施工、质量控制和检测试验除符合本指南要求外，还应符合国家和行业现行有关标准的规定。

2 术语和代号

2.1 术语

2.1.1 精细碎石表处 fine synchronous pavement surface dressing

将特定单粒径集料、沥青胶结料、纤维等以专用设备撒（洒）布的碎石表处薄层。精细碎石表处分为单层精细碎石表处和双层精细碎石表处。

2.1.2 单层精细碎石表处 single-layer of fine synchronous pavement surface dressing

将特定单粒径集料、改性（乳化）沥青、纤维等以专用设备同步撒（洒）布的单层碎石表处薄层。

2.1.3 双层精细碎石表处 double-layer of fine synchronous pavement surface dressing

将两档特定单粒径集料、沥青胶结料等以专用设备分两次撒（洒）布的双层碎石表处薄层。

2.1.4 雾封层 fog seal

将改性乳化沥青稀释液等材料以雾状喷洒于单（双）层精细碎石表处的表面，起稳固碎石作用的薄层。

2.2 代号

本指南中的代号及含义见表2.2。

表2.2 代号及含义

编号	代号	意义
2.2.1	PCI	路面损坏状况指数
2.2.2	PSSI	路面结构强度指数
2.2.3	RQI	路面行驶质量指数
2.2.4	RDI	路面车辙深度指数
2.2.5	SRI	路面抗滑性能指数
2.2.6	SSI	路面结构强度系数

3 适用条件

3.0.1 精细碎石表处适用于一级及一级以下公路沥青路面预防性养护罩面；二级及二级以下新建、改建公路的沥青面层；各等级公路桥面防水层。

3.0.2 以 PCI 为主要控制指标（对于二级及二级以下公路，大交通量或以重载交通为主的路段 PCI 应在 80 以上；交通量小或以轻交通为主的路段 PCI 可放宽至 75），PSSI、RQI、RDI、SRI 及裂缝率为辅助指标。精细碎石表处的适用条件见表 3.0.2。

表 3.0.2 精细碎石表处适用条件

控 制 指 标	一 级 公 路	二级及二级以下公路
PCI	80 ~ 95	75 ~ 90
PSSI	≥80	≥70
RQI	≥90	≥80
RDI	≥65	≥65
SRI	≥75	≥65
裂缝率（%）	0 ~ 5	0 ~ 10

注：表 3.0.2 指标评定时，应按单车道数评定，每 300 ~ 500m 为一个评定单元。

4 原路面路况调查与处治

4.1 一般规定

4.1.1 应对原路面建养历史、技术状况、交通量进行调查及分析，为精细碎石表处设计与施工提供依据。

4.1.2 应对原路面病害进行详细调查，按照相关规范对原路面病害进行彻底处治。病害处治完成的旧路进行中间验收合格后，方可进行精细碎石表处施工。

4.1.3 精细碎石表处作为桥面防水层时，应依据现行《公路水泥混凝土路面养护技术规范》（JTJ 073.1）规定，对新建水泥混凝土桥面进行凿毛处理。

4.1.4 精细碎石表处作为路面磨耗层时，宜对 RQI < 90 或 SRI < 90 的旧路路段进行铣刨、拉毛、整平处理。

4.2 原路面历史资料调查及分析

4.2.1 应收集原路面设计及竣工资料等，包括通车年限、原路面结构、路况及材料组成等。

4.2.2 应收集路面使用过程中日常维修养护的详细情况，包括维修段落、维修工艺、材料等。

4.2.3 应收集该路段近三年交通量及交通组成情况，并预测未来五年内交通量情况。

4.3 原路面状况调查与评价

4.3.1 原路面状况调查内容一般包括：路面损坏状况指数 PCI、路面行驶质量指数 RQI、路面结构强度指数 PSSI、路面车辙深度指数 RDI、路面抗滑性能指数 SRI、裂缝率及原路面结构厚度。

4.3.2 原路面路况调查应按坐标法详细记录病害的类型、大小及位置。沥青混凝土路面病害主要包括：裂缝、坑槽、车辙等。

4.3.3 原沥青混凝土路面病害处治及要求

1 裂缝处治

（1）原路面存在单条裂缝时，按照表4.3.3-1的规定进行裂缝处治。裂缝内出现唧浆时，应按坑槽要求进行处治。

表4.3.3-1 原路面单条裂缝病害处治方案

<table>
<tr><th>缝宽（mm）</th><th>高速公路、一级公路</th><th>二级及二级以下公路</th></tr>
<tr><td>≤1</td><td>改性乳化沥青灌缝</td><td>不处治</td></tr>
<tr><td>1～3</td><td>道路石油沥青、改性沥青等灌缝</td><td>（改性）乳化沥青、道路石油沥青、改性沥青等灌缝</td></tr>
<tr><td>3～6</td><td>改性沥青、密封胶等灌缝或贴缝胶贴缝</td><td rowspan="2">道路石油沥青、改性沥青、密封胶等灌缝或贴缝胶贴缝</td></tr>
<tr><td>>6</td><td>密封胶灌缝或贴缝胶贴缝</td></tr>
</table>

注：1. 缝宽<6mm时，宜采用清缝灌缝；缝宽≥6mm时，宜采用扩缝灌缝。
2. 贴缝适用于3mm≤缝宽<10mm。6mm<缝宽<10mm时，贴缝前应先灌缝。
3. 缝宽≥6mm且周边出现局部扩展小裂缝时，按裂缝影响范围大于10cm宽切割后，采用沥青混凝土修补，切割深度不小于5cm。
4. 同等条件下优先选择密封胶灌缝。

（2）处治工艺

①灌缝

a. 检查灌缝材料和施工机具，灌缝材料的施工温度应符合表4.3.3-2的要求。

表4.3.3-2 灌缝材料的施工温度

灌 缝 材 料	施 工 温 度
道路石油沥青	150～160℃
改性沥青	170～180℃
乳化沥青、改性乳化沥青	常温
加热型密封胶	180～200℃
常温型密封胶	常温

b. 沿裂缝中线切割凹槽，裂缝两侧壁应分别垂直切除3mm以上，深度宜为10～30mm。开槽深度与宽度的比值应不大于2。

c. 采用高压空气压缩机或森林灭火器，以及钢丝刷清理裂缝。若裂缝界面潮湿，则应采用喷火枪加热使界面处于干燥状态。若采用需加热的灌缝材料，则应采用喷火枪预热裂缝槽。

d. 采用灌缝设备将灌缝材料灌入裂缝内，应完全覆盖裂缝，灌缝材料应高于路面

1～2mm，且灌缝材料应在裂缝两端延伸3cm以上。具体封边效果参见图4.3.3-1～图4.3.3-3，图中所标注的几何尺寸可根据路面实际情况进行调整。

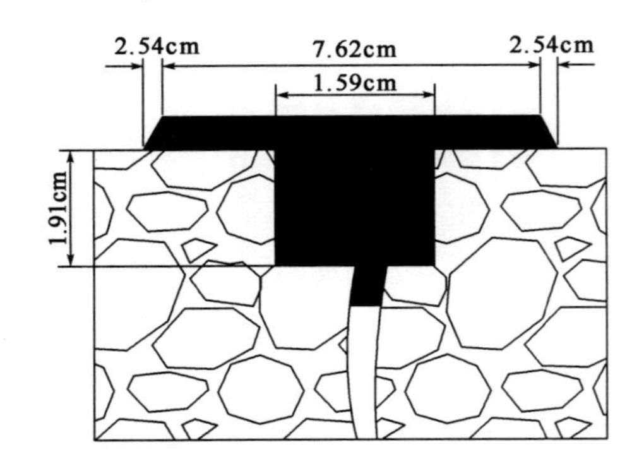

图4.3.3-1　设计B标准槽贴膜式

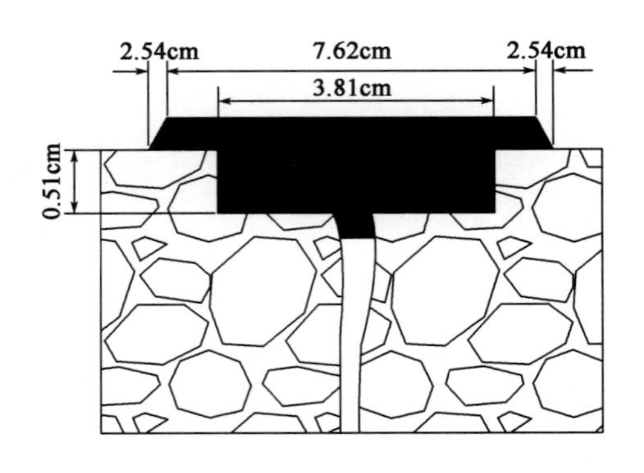

图4.3.3-2　设计C浅槽非贴膜式

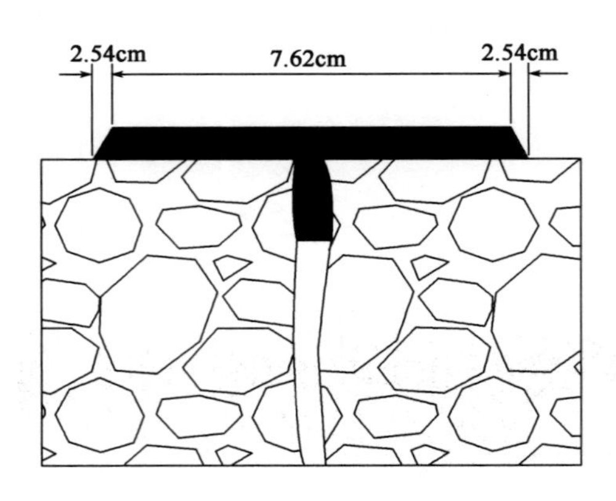

图4.3.3-3　设计D简单无贴膜式

e. 撒铺一层2～5mm干燥洁净的石屑或粗砂，进行稳压。灌缝完成20min后可进行精细碎石表处施工。

②贴缝

a. 检查贴缝材料和施工机具。采用高压空气压缩机或森林灭火器、钢丝刷清理裂缝。对6mm < 缝宽 < 10mm的裂缝，应进行灌缝处理。

b. 根据裂缝宽度裁剪贴缝带，贴缝带宽度宜大于或等于5cm，贴缝带长度比裂缝两端各长10cm。

c. 对自粘式贴缝胶，应在揭去隔离膜后，将贴缝胶中心对准裂缝，沿缝一端向另一端缓慢粘贴，同时用手推铁辊滚压；对热粘式贴缝胶，用喷火枪从贴缝胶底面加热，同时沿裂缝方向粘贴，并用橡皮锤紧跟敲击。

d. 在裂缝两侧5～10cm区域涂刷乳化沥青或改性乳化沥青，撒铺一层2～5mm干燥洁净的石屑或粗砂。贴缝完成20min后可进行精细碎石表处施工。

2　坑槽处治

(1) 路面基层完好，仅面层存在坑槽或轻微网裂、龟裂时，应按照表4.3.3-3的规定进行坑槽病害处治。

表 4.3.3-3 原路面坑槽病害处治方案

坑槽面积（m^2）	处治方案
<0.04	采用热料冷补法修补坑槽后再进行精细碎石表处施工
≥0.04	采用热料热补法修补坑槽后再进行精细碎石表处施工

注：对于坑槽面积较大部位，有条件时建议采用辐射加热方式加热坑槽处，再填充新料，即热料热补法施工。

（2）处治工艺

①检查施工机具，清扫路面。按照“圆洞方补、斜洞正补”的原则，挖补形状应为矩形，各边应分别与路线中线平行或垂直。若坑槽面积大于一个车道宽度，沿坑槽区域纵向扩大不少于 10～15cm 范围；二级及二级以下公路，沿坑槽区域四周向外扩大不少于 10cm 范围。

②沿确定的处治范围边线和深度进行垂直切割。多层开挖时，坑槽四周形成阶梯搭接，搭接宽度为 15～20cm。

③采用铣刨机或人工挖除路面处治范围，挖除后的坑槽应槽壁垂直，槽底平整。

④人工清理松散混合料，应采用扫帚清扫坑槽内部，采用空压机或森林灭火器吹除槽内灰尘，保证坑槽干净、干燥。

⑤在坑槽四壁和底部涂刷乳化沥青或改性乳化沥青。

⑥修补宽度大于 3m 时，应采用摊铺机摊铺。修补宽度不大于 3m 时，施工工艺如下：

a. 填补厚度大于 8cm 时，应分层修补。每层碾压完成后均应喷洒乳化沥青或改性乳化沥青，喷洒量为 0.6～1.0kg/m^2。

b. 沥青混合料添加后，用铁耙将混合料由外向里整平，使细料填充在坑槽边缘。

c. 用小型振动压路机及时碾压，碾压时遵循“先四边后中心、先静压后振压、前后左右交替碾压”的原则，对新路路面接缝处应骑缝碾压，静压 1 遍，振压 3 遍，每次碾压的重叠宽度为压路机宽的 1/3～2/3。

d. 在坑槽四周缝隙两侧 5～10cm 区域涂刷乳化沥青或改性乳化沥青。待坑槽处治完毕后，清扫路面废料，方可进行精细碎石表处施工。

4.3.4 水泥混凝土桥面调查及处治

1 桥面铺装的混凝土必须达到 100% 的设计强度。水泥混凝土铺装层的平整度不大于 1.8mm 时，方可进行桥面防水层施工。

2 精细碎石表处施工前应检查桥面及桥头搭板表面的凿毛质量，凿毛不彻底部位应进行二次凿毛，以露出桥面混凝土集料（>4.75mm）为准。待凿毛完毕后，清扫路面浮料，方可进行精细碎石表处施工。

5 材料

5.1 一般规定

5.1.1 材料应取样进行质量检验，经评定合格后方可使用。

5.1.2 材料到场后应设置标志牌，按规定对材料进行储存和管理。标识内容应包括材料名称、岩性、规格、用途、产地等。

5.2 道路石油沥青

5.2.1 道路石油沥青可作为改性沥青、乳化沥青、改性乳化沥青、橡胶沥青的基质沥青及精细碎石表处的胶结料。

5.2.2 精细碎石表处应采用A级道路石油沥青。基质沥青标号的选择，应根据当地气候条件、交通情况等综合确定。陕北地区宜采用A-90，关中地区宜采用A-90或A-70，陕南地区宜采用A-70。精细碎石表处的技术要求应符合表5.2.2的规定。

表5.2.2 道路石油沥青技术要求

<table>
<tr><th colspan="2" rowspan="2">试验项目</th><th rowspan="2">单位</th><th colspan="2">技术要求</th><th rowspan="2">试验方法</th></tr>
<tr><th>A-90</th><th>A-70</th></tr>
<tr><td colspan="2">针入度（100g，25℃，5s）</td><td>0.1mm</td><td>80～100</td><td>60～80</td><td>T 0604</td></tr>
<tr><td colspan="2">针入度指数PI，不小于</td><td>—</td><td colspan="2">−0.4～+1.0</td><td>T 0604</td></tr>
<tr><td colspan="2">软化点$T_{R\&B}$，不小于</td><td>℃</td><td>45</td><td>46</td><td>T 0606</td></tr>
<tr><td colspan="2">动力黏度（60℃），不小于</td><td>Pa·s</td><td>160</td><td>180</td><td>T 0620</td></tr>
<tr><td colspan="2">延度（15℃），不小于</td><td>cm</td><td colspan="2">100</td><td>T 0605</td></tr>
<tr><td colspan="2">蜡含量（蒸馏法），不大于</td><td>%</td><td colspan="2">2.2</td><td>T 0615</td></tr>
<tr><td colspan="2">闪点，不小于</td><td>℃</td><td>245</td><td>260</td><td>T 0611</td></tr>
<tr><td colspan="2">溶解度，不小于</td><td>%</td><td colspan="2">99.5</td><td>T 0607</td></tr>
<tr><td rowspan="3">TFOT（或RTFOT）后残留物</td><td>质量变化，不大于</td><td>%</td><td colspan="2">±0.8</td><td>T 0610</td></tr>
<tr><td>针入度比（25℃），不小于</td><td>%</td><td>57</td><td>61</td><td>T 0604</td></tr>
<tr><td>延度（10℃），不小于</td><td>cm</td><td>8</td><td>6</td><td>T 0605</td></tr>
</table>

5.3 改性沥青

5.3.1 陕北地区宜采用 SBS 改性沥青，陕南及关中地区可采用 SBR 改性沥青及 SBS 改性沥青，技术要求应符合表 5.3.1 的规定。

表 5.3.1 改性沥青技术要求

试验项目		单位	技术要求	试验方法
针入度（100g，25℃，5s）		0.1mm	60～80	T 0604
针入度指数 PI，不小于		—	-0.4	T 0604
延度（5cm/min，5℃），不小于		cm	30	T 0605
软化点 $T_{R\&B}$，不小于		℃	55	T 0606
运动黏度（135℃），不大于		Pa·s	3	T 0621
针入度（100g，25℃，5s）		0.1mm	40～120	T 0604
闪点，不小于		℃	230	T 0611
弹性恢复（25℃），不小于		%	65	T 0662
溶解度，不小于		%	99	T 0607
48h 软化点差，不大于		℃	2.5	T 0661
TFOT（或 RTFOT）后残留物	质量变化，不大于	%	±1.0	T 0610
	针入度比（25℃），不小于	%	60	T 0604
	延度（5℃），不小于	cm	20	T 0605

5.3.2 SBS 改性沥青可用成品改性沥青，也可现场加工。

5.3.3 成品 SBS 改性沥青使用前和使用过程中应定期取样检测，确认无离析、凝聚等现象且各项指标符合要求后方可使用。

5.4 改性乳化沥青

5.4.1 改性乳化沥青适用于陕南、陕北及关中地区的精细碎石表处。改性乳化沥青宜采用 SBR 胶乳进行改性。改性乳化沥青技术要求应符合表 5.4.1 的规定。

表 5.4.1 改性乳化沥青技术要求

试验项目		单位	技术要求	试验方法
破乳速度		—	快裂或中裂	T 0658
粒子电荷		—	阳离子（+）	T 0653
筛上剩余量（1.18mm），不大于		%	0.1	T 0652
黏度	恩格拉黏度 E_{25}	—	1～10	T 0622
	沥青标准黏度 $C_{25,3}$	s	8～25	T 0621

续上表

试验项目		单位	技术要求	试验方法
蒸发残留物	含量，不小于	%	60	T 0651
	针入度（100g，25℃，5s）	0.1mm	40～120	T 0604
	软化点 $T_{R\&B}$，不小于	℃	55	T 0606
	延度（5℃），不小于	cm	50	T 0605
	溶解度（三氯乙烯），不小于	%	97.5	T 0621
与集料的黏附性，不小于		—	2/3	T 0654
储存稳定性	1d，不大于	%	1	T 0655
	5d，不大于	%	5	T 0655

5.4.2 SBR胶乳应选用性能稳定的产品，且应根据试验结果选择适宜的胶乳品种和剂量。

5.5 橡胶沥青

5.5.1 橡胶沥青适用于陕南地区以及对抗裂性要求较高的重载交通沥青路面。橡胶沥青的橡胶粉胎源宜选用天然橡胶含量较高的大型货车轮胎，细度宜为30～40目，应采用常温研磨法加工。橡胶粉的物理技术指标应符合表5.5.1-1的规定，化学技术指标应符合表5.5.1-2的规定。

表5.5.1-1 橡胶粉物理技术要求

试验项目	单位	技术要求	试验方法
相对密度	—	1.10～1.30	JT/T 797
含水率	%	≤0.75	GB/T 19208
筛余含量	%	≤10	DB61/T 1021—2016 附录A
金属含量	%	≤0.05	JT/T 797
纤维含量	%	<1.0	GB/T 19208

表5.5.1-2 橡胶粉化学技术要求

试验项目	单位	技术要求	试验方法
天然橡胶含量	%	≥25	GB/T 14837.1
灰分	%	≤9	GB/T 4498
丙酮抽出物	%	≤22	GB/T 3516
碳黑含量	%	≥24	GB/T 14837
橡胶烃含量	%	≥42	GB/T 14837

5.5.2 橡胶沥青中橡胶粉掺量通过试验确定，宜为基质沥青掺量的18%～25%。橡胶沥青的技术要求应符合表5.5.2的规定。

表5.5.2　橡胶沥青技术要求

试验项目	单位	技术要求	试验方法
针入度（25℃，100g，5s）	0.1mm	40～80	JTG E20（T 0604）
锥入度（25℃，100g，5s）	0.1mm	25～70	DB61/T 1021—2016 附录C
软化点 $T_{R\&B}$，不小于	℃	58	JTG E20（T 0606）
旋转黏度（180℃）	Pa·s	1.5～4.0	JTG E20（T 0625）
延度[a]（5℃），不小于	cm	8	JTG E20（T 0605）
弹性恢复（25℃），不小于	%	55	JTG E20（T 0662）
回弹恢复[b]（25℃），不小于	%	14	DB61/T 1021—2016 附录D

注：[a]该指标不做强制性要求。
[b]该指标不做强制性要求。

5.5.3 橡胶沥青应在生产合格后24h内使用。成品橡胶沥青的存储温度应控制在170～180℃，采用储存罐中的搅拌装置进行不间断搅拌。再次使用前必须进行检验，质量合格后方可使用。

5.6　集料

5.6.1 精细碎石表处应采用接近立方体、洁净、干燥、无风化、无杂质的单一粒径碎石。集料的各项技术要求应符合表5.6.1的规定。

表5.6.1　精细碎石表处用碎石技术要求

试验项目		高速公路及一级公路	其他等级公路	试验方法
石料压碎值（%），不大于		24	26	T 0316
洛杉矶磨耗损失（%），不大于		28	30	T 0317
表现相对密度（g/cm³），不小于		2.60	2.50	T 0304
吸水率（%），不大于		2.0	2.0	T 0304
坚固性（%），不大于		12	12	T 0304
针片状颗粒含量（%）	其中粒径大于9.5mm，不大于	12	15	T 0312
	其中粒径小于9.5mm，不大于	18	20	
黏附性，不小于		4	4	T 0616
磨光值		42	40	T 0321
水洗法<0.075mm颗粒含量（%），不大于		1	1	T 0310
软石含量（%），不大于		3	5	T 0320

注：1. 坚固性试验可根据需要进行。
2. 对S14规格的粗集料，针片状颗粒含量可不予要求。

5.6.2 集料应采用中性或中性偏碱碎石，如玄武岩、辉绿岩等。低等级公路或交通量较小的公路可采用石灰岩。严禁采用饱水后极限抗压强度降低25%～30%的石灰岩。

5.6.3 集料应进行精细筛分，粒径宜为4～7mm、5～8mm、8～10mm或8～11mm、12～15mm。严禁直接撒布未过筛的集料。

5.7 纤维

5.7.1 依照来源将纤维分为纤维素纤维、矿物纤维及聚合物纤维，依照形状将纤维分为絮状纤维及束状纤维。束状矿质纤维具备良好的可切割性与高分束率。精细碎石表处宜采用束状矿质纤维，如玄武岩纤维、玻璃纤维等。束状矿质纤维应符合表5.7.1的技术要求。

表5.7.1 束状矿质纤维技术要求

项　目	单　位	技术要求	
		合股丝纤维	加捻合股纱纤维
外观	—	色泽均匀，无污染	
平均直径	μm	9～25	7～13
平均长度	mm	5～15	
断裂强度，不小于	MPa	1 000	
断裂伸长率，不小于	%	2.1	
断裂强度保留率，不小于	%	85	
吸油率，不小于	倍	2.5	
密度，不小于	g/cm^3	2.60	
含水率，不大于	%	0.5	

5.7.2 使用纤维应符合环保要求，不危害身体健康。纤维应在切割、撒布过程中充分均匀分散。纤维切割长度宜为30～60mm。

5.7.3 纤维应存放在室内或有棚盖的地方，松散纤维在运输及使用过程中应避免受潮、结团。

5.8 雾封层材料

5.8.1 精细碎石表处的雾封层材料宜采用聚合物改性乳化沥青等，使用前应依据PCR型乳化沥青要求进行稀释。雾封层材料的技术要求应符合表5.8.1的规定。

表 5.8.1　雾封层材料技术要求

检验项目		技术要求	试验方法
筛上剩余量（%），不大于	原液	0.3	T 0658
	1∶1 水稀释液	0.3	T 0658
电荷		阳离子、阴离子	T 0653
破乳速度		中裂或快裂	T 0652
黏度	道路标准黏度 $C_{25,3}$（s）	12～60	T 0622
	恩格拉黏度 E_{25}	3～30	T 0622
蒸发残留物含量（%）		35～50	T 0651
蒸发残留物性质	针入度（25℃）（0.1mm）	30～100	T 0604
	延度（cm），不小于	20	T 0606
	软化点（℃），不小于	50	T 0605
	溶解度（三氯乙烯）（%），不小于	97.5	T 0607
储存稳定性	1d（%），不大于	1	T 0655
	5d（%），不大于	5	
与粗集料的黏附性，裹覆面积，不小于		2/3	T 0654

6 精细碎石表处类型与用量设计

6.1 一般规定

6.1.1 应根据工程要求、交通等级、路面状况、气候条件，合理选择精细碎石表处的材料与组合类型。

6.1.2 应采用工程实际所用材料作为试验样品。如材料一旦发生变化，应重新进行用量设计。

6.2 结构类型

6.2.1 精细碎石表处分为双层精细碎石表处及单层精细碎石表处。结构类型见表6.2.1。

表6.2.1 精细碎石表处推荐结构类型

<table>
<tr><td colspan="2">精细碎石表处</td><td colspan="2">碎石粒径（mm）</td><td rowspan="2">是否加铺雾封层</td><td colspan="2">是否添加纤维</td><td rowspan="2">适用范围</td></tr>
<tr><td rowspan="3">双层精细碎石表处</td><td>类型</td><td>上层</td><td>下层</td><td>上层</td><td>下层</td></tr>
<tr><td>Ⅰ型</td><td>4~7</td><td>8~11</td><td>是/否</td><td rowspan="2">否</td><td rowspan="2">是/否</td><td>75<PCI<85</td></tr>
<tr><td>Ⅱ型</td><td>8~10</td><td>12~15</td><td>是/否</td><td>75<PCI<85</td></tr>
<tr><td colspan="2">单层精细碎石表处</td><td colspan="2">5~8</td><td>是/否</td><td colspan="2">是</td><td>80<PCI<90</td></tr>
</table>

6.2.2 Ⅰ型双层精细碎石表处宜作为一级及一级以下公路沥青路面预防性养护罩面，Ⅱ型双层精细碎石表处宜作为二级及二级以下公路沥青路面上面层。单层精细碎石表处宜作为二级及二级以下公路沥青路面预防性养护罩面、各等级公路桥面防水层。

6.3 用量设计

6.3.1 碎石用量设计

精细碎石表处的碎石撒布量采用覆盖率控制，按照本指南附录B中规定的方法将设计覆盖率换算为设计撒布量。双层精细碎石表处的下层碎石覆盖率宜为80%~90%，上层碎石覆盖率宜为95%~105%；单层精细碎石表处覆盖率宜为100%~110%。碎石覆盖率最终应根据试验段及胶结料的类型综合确定。

6.3.2 胶结料用量设计

1 应依据原路面状况、石料特点、施工天气和交通量等情况，综合确定精细碎石表处的胶结料类型，精细碎石表处的胶结料适用范围见表6.3.2。

表6.3.2 精细碎石表处沥青用量推荐值

碎石表处结构		碎石粒径（mm）	沥青用量（kg/m²）			
			基质沥青	SBS改性沥青	改性乳化沥青	橡胶沥青
双层精细碎石表处	下层	12~15	1.2~1.6	1.2~1.6	2.0~2.4	1.4~1.8
		8~11	0.8~1.0	1.2~1.4	1.2~1.6	1.2~1.6
	上层	8~10	—	1.0~1.2	1.2~1.6	—
		4~7	—	—	1.0~1.4	—
单层精细碎石表处		5~8	0.8~ 1.2	1.0~1.4	1.2~1.6	1.2~1.4

2 单层洒布量可参照表6.3.2及附录A规定的方法，并结合下承层的技术状况及气候特点等因素综合确定。原路面富油、重载交通及高温地区的胶结料用量应取下限，原路面贫油、重载交通较少及低温、多雨地区的胶结料用量应取上限。

6.3.3 雾封层用量设计

1 改性乳化沥青的固含量应为35%~50%，用量宜为0.3~0.5kg/m²。具体用量应结合碎石表处的结构类型进行调整。

2 改性乳化沥青固含量高于50%时应进行稀释，稀释前应进行与水的相容性检验。具体操作方法为：将材料和水按比例混合2~3min，使混合液通过预湿的150μm筛，若筛余量小于1%，说明改性乳化沥青与水相容，可直接进行稀释；若筛余量大于1%，说明改性乳化沥青与水相容性较差，不可直接进行稀释。

3 与水相容性较差的改性乳化沥青，应取与改性乳化沥青相同的0.5%~1%的乳化剂溶液稀释乳液。具体操作方法为：将水按比例加入洒布机的改性乳化沥青中，用离心机或其他合适的泵循环保证其混合均匀。稀释后的乳液储存时间不得超过24h，一旦产生沉淀应立即弃置。

6.3.4 纤维用量设计

为增强精细碎石表处层间黏结性与抗裂性，宜在精细碎石表处下层掺加纤维。纤维用量应考虑路面龟裂及裂缝程度进行设计，并符合表6.3.4的要求。

表6.3.4 纤维用量推荐值

路面病害状况	纤维用量范围（g/m²）
轻微、中等	20~40
中等、严重	40~60

7 施工

7.1 一般规定

7.1.1 施工前应由项目建设管理单位组织相关参建单位对旧路进行全面检查验收，重点检查路面病害是否处置彻底，病害处置是否规范，路面平整度和抗滑性能是否满足要求，当符合现行《公路工程质量检验评定标准》（JTG F80）要求后方可进行精细碎石表处施工。

7.1.2 不宜在雨季施工。当路面潮湿、滞水或施工期间可能出现降雨时严禁施工。

7.1.3 宜在气温 20 ~ 30℃下进行施工。平均气温低于 10℃时严禁施工。

7.1.4 未彻底清理路面杂物时，不得进行精细碎石表处施工。施工现场的交通控制应严格按照现行《公路养护安全作业规程》（JTG H30）的要求进行，保障养护作业安全。

7.2 施工准备

7.2.1 施工机械

1 施工前应配备齐全的施工机械和辅助工具，做好施工前的机械保养与调试工作，保证施工期间不影响施工进度与施工质量。

2 施工机械主要包括生产与储存、筛分、运输、撒（洒）布、压实和辅助机械等。精细碎石表处主要施工机械设备配置见表 7.2.1。

表 7.2.1 精细碎石表处的主要施工设备及辅助工具表

工　序	机械设备名称	规格、型号	单　位	数　量
生产与储存	沥青储存罐	30t	台	满足要求
	乳化沥青生产车间及配套设备	—	套	1
筛分	分级取料自动筛分机	振动筛	台	1 ~ 2
运输	自卸汽车	20t 以上	台	满足要求

续上表

工　序	机械设备名称	规格、型号	单　位	数　量
撒（洒）布	同步碎石封层车/纤维同步碎石封层车	8t 及以上	台	1～2
	沥青洒布车	—	台	1～2
压实	胶轮压路机	26t 及以上	台	2
辅助	小型铣刨机	—	台	1
	强力清刷机	—	台	满足要求
	背负式吹风机	—	台	满足要求
	集料回收车	—	台	满足要求
	装载机	50 型及以上	台	2
	工具车	—	台	满足要求
	指挥车	—	台	满足要求

注：以上机械设备为一个工作面（单车道）的要求，应根据工期要求确定作业面的数量。

7.2.2 下承层准备

1　标记精细碎石表处的起讫点与边线。

2　精细碎石表处施工前，应对下承层进行清扫。采用背负式吹风机彻底清除下承层表面杂物及浮料，保证下承层表面洁净。

3　下承层为贫油路面时，应洒布黏层油，保证精细碎石表处层间黏结力。

7.2.3 材料准备

1　采用非乳液型胶结料时，施工前宜采用拌和楼将碎石加热至 40～60℃，采用乳液型胶结料时无须加热碎石。

2　装入料斗的碎石高度宜与料斗左右挡板的高度持平。

3　当沥青泵温度达到规定要求时抽取沥青，装入罐内的沥青不宜超过罐体容积的 90%。抽取沥青时抽油管及接头应密封良好。

7.2.4 封层车准备

1　施工前应对同步碎石封层车进行检查与标定。应重点检查封层车的车体、油泵系统、保温系统及预热系统等，标定封层车的沥青洒布系统、纤维切割及撒布系统、碎石撒布系统。根据试验路段试验结果设定封层车的各项参数。

2　（纤维）同步碎石封层车宜采用滚轴式布料器，以利于集料撒布均匀。（纤维）同步碎石封层车宜采用滚压式纤维切割系统，施工前应注意检查切割设备的刀片是否锋利，及时更换磨损刀片，校正刀片间距。

3 （纤维）同步碎石封层车的标定方法应遵循车辆的使用说明书，且在以下情况下必须进行标定：

（1）新机器第一次使用时；

（2）机器每年的第一次使用时；

（3）新工程开工前；

（4）原材料改变和配比发生较大变化时。

4 应根据（纤维）同步碎石封层车的标定结果，确定各料门开度及泵参数等与各个材料出料量的关系曲线图，并出具标定报告。

7.2.5 遮挡及防护

1 应在边部支模板挡护；半幅施工半幅通车时，应在中缝部位支模板挡护。

2 需进行分幅施工时，应确定每幅施工宽度与施工幅数。

3 遮挡防护路缘石及人工构造物，避免污染。

7.2.6 交通管制

交通标志标牌应符合现行《道路交通标志和标线》（GB 5768）的相关规定，并在施工路段内设置明显施工标志。应遵循现行《公路养护安全作业规程》（JTG H30）中的相关要求，做好交通封闭，并设置专人疏导交通。

7.3 试验段铺筑

7.3.1 应在验收合格的下承层上铺筑试铺段，试验段长度应不小于200m。

7.3.2 通过试验段铺筑确定技术参数，包括碎石撒布量、沥青洒布量、纤维撒布量及长度、喷洒管高度、碎石撒布高度、纤维切割宽度、温度控制、封层车的运行速度等。

7.3.3 重载交通的试验路段宜进行制动试验，采用后轴重60kN的轴载（BZZ-60），以60km/h的速度紧急制动，试验后精细碎石表处表面应无明显油膜剥落，否则须进行技术改进，重铺试验段。

7.4 施工流程

精细碎石表处的施工流程见图7.4。

7.5 起讫点施工

7.5.1 根据路幅宽度，调整封层车喷洒宽度。

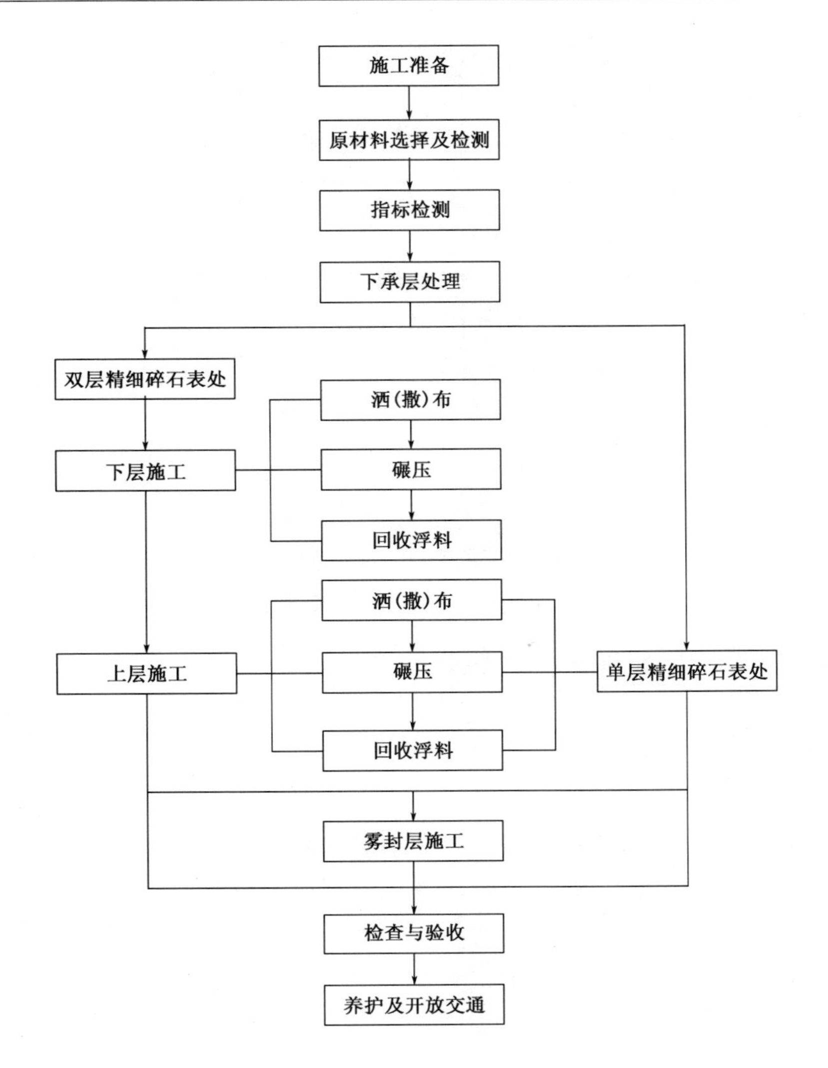

图 7.4　精细碎石表处施工流程

7.5.2　在起讫点位置放置宽于洒布宽度 50～100cm、长度不小于每幅洒布宽度的油毛毡或隔离布。

7.6　双层精细碎石表处下层施工

7.6.1　洒（撒）布

1　沥青胶结料撒布温度应符合表 7.6.1 的规定。

表 7.6.1　沥青胶结料洒布温度要求

胶结料类型	道路石油沥青	改性沥青	改性乳化沥青	橡胶沥青
洒布温度（℃）	150～165	170～185	50～70	195～205

2　精细碎石表处采用道路石油沥青、改性沥青或橡胶沥青时，碎石必须干燥无尘，必要时应进行加热除尘处理。采用改性乳化沥青时，对碎石潮湿不做控制，但应保证碎

石洁净无尘，必要时应进行水洗除尘，当施工温度较低时宜对碎石进行加热处理，加热后碎石撒布温度不低于50℃。

3 采用（纤维）同步碎石封层车施工时，车速宜控制在3～4.5km/h。（纤维）同步碎石封层车的喷嘴温度应与罐体胶结料温度一致且所有喷嘴形成统一扇形面后方可洒布胶结料。

4 喷嘴应与胶结料黏度相适应，确保胶结料以雾状洒布。喷嘴与洒油管应成15°～25°的夹角，洒油管的高度应使同一地点接受2～3个喷油嘴沥青的喷洒。洒布过程中不得出现洒花、漏空、条状、堆积或纤维抱团现象。

7.6.2 碾压

1 下层应采用26t以上的轮胎压路机碾压2～3遍。下层胶结料采用道路石油沥青、改性沥青或橡胶沥青时，碾压应在胶结料变冷或变黏前完成；胶结料采用改性乳化沥青时，碾压应在材料初步破乳后进行。

2 轮胎压路机碾压初始速度不宜超过2km/h，以后可适当增加速度。经碾压后胶结料的爬升高度宜为碎石粒径的2/3，且不应低于碎石粒径的1/2。

3 碾压过程中禁止轮胎压路机在施工作业面上变速、紧急制动、掉头。

7.6.3 浮料回收

1 每台纤维同步碎石车应配备1～2名清洁工，随时进行表面杂物清理和补撒等工作。

2 碾压完毕后应及时清理并采用集料回收车回收路表浮石。

7.6.4 交通管制

精细碎石表处下层施工结束后应立即封闭交通，严禁车辆与行人出入。

7.7 双层精细碎石表处上层施工

7.7.1 洒（撒）布

下层碾压结束后即可进行上层施工，施工前应关闭封层车的纤维剪切与撒布系统。其他施工工序要求同7.6.1。

7.7.2 碾压

上层集料撒布完毕后立即采用26t以上的轮胎压路机碾压3～5遍，胶结料的爬升高度应为碎石粒径的2/3。其他碾压要求同7.6.2。

7.7.3 浮料回收

碾压结束1d内应采用专用集料回收车清理表面浮料。

7.8　单层精细碎石表处施工

7.8.1　单层精细碎石表处的施工要求应符合7.7中的规定。

7.8.2　碾压完毕即可进行雾封层施工。

7.9　雾封层施工

7.9.1　宜采用沥青洒布车洒布雾封层。

7.9.2　沥青洒布车必须均匀、以雾状形式连续洒布，不得随意变换速度或者中途停顿。

7.10　养护及开放交通

7.10.1　未加铺雾封层的精细碎石表处应在表面施工完毕后进行养护。

7.10.2　加铺雾封层的精细碎石表处应在雾封层施工完毕后进行养护。

7.10.3　精细碎石表处宜在封闭交通条件下自然养护，养护温度不宜低于25℃且不得低于15℃。

7.10.4　当旋转按压表面沥青膜不粘手、集料不脱落时，可根据工程需要允许小型车辆通行，但应限制重型车辆。车辆行车速度不得超过20km/h。

7.10.5　精细碎石表处经车辆碾压后，局部集料未与沥青黏结的，应及时采用集料回收车进行回收。

8　接缝与特殊情况处理

8.1　一般规定

8.1.1　施工接缝应紧密、平顺，且应尽量减少施工接缝数量。

8.1.2　桥面、弯道等路段处施工质量浮动较大，应按实际施工的局部缺陷情况进行处理。

8.2　施工接缝处理

8.2.1　横向接缝应依据起讫点施工工艺处理，且调整横向搭接宽度，严禁搭接处出现喷洒过量或漏洒现象。

8.2.2　横向接缝处应从完全压实的路段一侧沿接缝方向碾压，并逐渐移向新撒（洒）布面。

8.2.3　双层碎石表处的上层施工时，横缝搭接处应与下层横缝搭接处错开。

8.2.4　纵向接缝应设置在车道分界位置，两幅搭接处的第一幅应暂留 5 ~ 10cm 宽度不撒布碎石，第二幅沿预留纵向沥青边缘进行撒布。碾压方法同横向接缝。

8.3　桥面处理

8.3.1　桥头过渡段进行精细碎石表处施工时，应严格控制桥面过渡段高程，避免施工不同步导致的施工误差。

8.3.2　应及时铲除伸缩缝上方铺筑的精细碎石表处，避免运料车粘带填筑材料砂砾，并及时检查、清理轮胎粘带的杂物。

8.4　施工缺陷处理

8.4.1　在线形变化的路段施工时，易发生因（纤维）同步碎石封层车倾斜而导致的车辆两侧洒（撒）布不均匀现象，应对洒（撒）布偏少的一侧进行人工补洒（撒）。

8.4.2 精细碎石表处沥青局部漏洒时，应立即停止施工，疏通或更换喷嘴，并进行人工补洒。

8.4.3 精细碎石表处泛油时，应补撒与最后一层集料规格相同的嵌缝料并扫匀，且清除多余浮料。沥青胶结料以条状洒布时，应及时关闭油嘴与料门，并检查堵塞喷杆高度是否正确、喷油管压力是否正常、料门是否被大粒径石料堵塞。

8.4.4 集料撒布过多干扰碎石正常嵌入时，应人工清扫路面，不得搓动已黏结的集料。

8.4.5 集料局部漏撒时，应在初压后进行人工补撒。

8.4.6 纤维撒布抱团时，应及时检查纤维切割系统及鼓风设备，必要时应更换新刀片。

8.5 施工中遇雨处理

施工中一旦遇雨应立即停止撒（洒）布及碾压工作，采用油布等覆盖施工设备。已撒（洒）布未碾压密实的沥青混合料应清除重铺。

9 施工质量管理与验收

9.1 施工质量管理与检查

9.1.1 设备的质量管理与控制

施工前及施工过程中应对同步碎石封层设备及沥青喷洒车进行质量检查，检查项目与检查频率应符合表 9.1.1 规定。

表 9.1.1 施工设备的检查项目与检查频率

检查项目	要　　求	频　　率	方　　法
沥青洒布系统	检查沥青喷洒系统是否正常，是否存在堵塞现象	随时	试喷及辅助仪器
石料撒布系统	检查石料撒布系统是否正常，是否存在卡堵现象	随时	试撒及辅助仪器
纤维切割系统	检查纤维是否正常切割，是否存在纤维切割不均匀，或因静电导致停止切割或切割不连续现象	随时	试撒及机器上的仪表

9.1.2 原材料的质量管理与控制

施工前应对原材料进行质量检查，检查项目与检查频率应符合表 9.1.2 规定。

表 9.1.2 原材料质量检查与要求

材　　料	检 测 项 目	要 求 值	检 测 频 率
道路石油沥青	表 5.2.2 规定的项目	符合表 5.2.2 要求	每批来料一次
改性沥青	表 5.3.1 规定的项目	符合表 5.3.1 要求	每批来料一次
改性乳化沥青	表 5.4.1 规定的项目	符合表 5.4.1 要求	每批来料一次
橡胶沥青	表 5.5.2 规定的项目	符合表 5.5.2 要求	每批来料一次
集料	表 5.6.1 规定的项目	符合表 5.6.1 要求	每批来料一次
纤维	表 5.7.1 规定的项目	符合表 5.7.1 要求	每批来料一次
雾封层材料	表 5.8.1 规定的项目	符合表 5.8.1 要求	每批来料一次

9.1.3 精细碎石表处的质量管理与控制

施工过程应中精细碎石表处应进行质量检查，检查项目与检查频率应符合表 9.1.3-1 和表 9.1.3-2 的要求。

表 9.1.3-1　精细碎石表处的质量检查与要求

检查项目		质量要求	检查频率	试验方法
胶结料洒布量		试验段确定量 ±0.15kg/m²	每作业段 2 次	附录 A
胶结料洒布均匀性		撒布均匀、无花白	全断面	目测
碎石撒布量		试验段确定量 ±0.5kg/m²	每作业段 2 次	附录 A
碎石撒布均匀性	上层	覆盖率满足设计要求	全断面	目测
	下层	覆盖率满足设计要求，远看不见沥青、近看无明显松散料		
胶结料撒布温度		试验段确定温度 ±5℃	每作业段 2 次	温度计测量
碎石与胶结料的黏附性		没有明显脱落	每作业段 2 次	2d 后进行货车 30 ~ 50km/h 紧急制动试验
与下承层的黏附性	上层	胶结料没有明显破裂	每作业段 2 次	2d 后进行货车 30 ~ 50km/h 紧急制动试验
	下层	芯样黏结完整	每作业段 1 次	钻芯
宽度		不小于设计宽度	每 50m 一次	丈量

表 9.1.3-2　雾封层的质量检查与要求

项　目	质量要求	检测频度	检验方法
洒布量	试验段确定量 ±0.1kg/m²	2 次/日	用纸板称量
洒布均匀性	均匀一致	随时	目测

9.2　质量验收

按照表 9.2 的规定，对精细碎石表处进行交工验收阶段的质量检查与验收。

表 9.2　精细碎石表处验收质量标准

检测项目	质量要求	检测频率	试验方法
外观	均匀、密实、不松散	全线连续	目测
宽度	不小于设计宽度	每 1km 20 个断面	用尺量
渗水系数	≤10mL/min	5 点/km	T 0971
构造深度	≥0.7mm	5 点/km	T 0961
摩擦系数	≥45	5 点/km	T 0964
碎石剥落	<10%/年	4 点/km	现场测值

附录 A　胶结料、碎石洒（撒）布量检测方法

A.1　目的与适用范围

本试验适用于检测胶结料、碎石（洒）的撒布量，并供施工质量检测与控制。

A.2　仪具与材料技术要求

A.2.1　受样盘：车辙板模具。

A.2.2　天平：感量不大于 10g。

A.2.3　钢卷尺或皮尺。

A.2.4　其他：提抽仪、三氯乙烯。

A.3　方法与步骤

A.3.1　实测方法与步骤

1　用钢卷尺测量受样盘开口面积 S，精确到 0.1cm^2。用天平称取受样盘的质量 m_1，准确至 0.1g。

2　将已知质量 m_1 与面积 S 的受样盘置于封层车通过处。

3　当封层车匀速通过后，取出受样盘并称量此时质量 m_2，准确至 0.1g。

4　用刮刀将连带部分胶结料刮下，以受样盘中全部碎石都铲下为宜。

5　通过抽提或三氯乙烯浸泡冲洗法，获得碎石质量 m_3。

6　（洒）撒布量计算

$$P_d = \frac{m_2 - m_1 - m_3}{S} \tag{A.1}$$

$$P_g = \frac{m_3}{S} \tag{A.2}$$

式中：P_d——胶结料的洒布量（kg/m^2）；

P_g——碎石的撒布量（kg/m^2）；

m_1——受样盘的空盘质量（kg）；

m_2——受样盘、胶结料及碎石的合计质量（kg）；

m_3——碎石的质量（kg）；

S——受样盘的面积（m^2）。

7 取三次平行试验平均值作为胶结料、碎石（洒）撒布量。

A.3.2 总量控制方法与步骤

1 统计每车或每天的施工面积 S_t。

2 统计每车或每天所用的胶结料与碎石质量 M_d。

3 胶结料、碎石洒（撒）布量计算：

$$P_d = \frac{M_d}{S_t} \tag{A.3}$$

$$P_g = \frac{M_g}{S_t} \tag{A.4}$$

式中：P_d——胶结料的洒布量（kg/m^2）；

P_g——碎石的撒布量（kg/m^2）；

M_d——胶结料总质量（kg）；

M_g——碎石总质量（kg）；

S_t——总施工面积（m^2）。

附录 B　碎石设计撒布量确定方法

B.1　目的与适用范围

本方法适用于确定依照设计覆盖率撒布的单位面积碎石质量。

B.2　仪具与材料

B.2.1　受样盘：车辙板模具。

B.2.2　天平：感量不大于 10g。

B.2.3　钢卷尺或皮尺。

B.3　方法或步骤

B.3.1　将拟撒布的单一粒径碎石洗净、烘干，加热至 120～140℃。

B.3.2　用钢卷尺测量受样盘开口面积 S，精确到 0.1cm^2。

B.3.3　在已知面积 S 的受样盘上均匀洒布一层 1～2mm 的沥青胶结料，称取受样盘和胶结料质量 m_1。

B.3.4　将加热的碎石满铺在受样盘上。

B.3.5　待碎石和胶结料温度降至室温，称取受样盘、胶结料与碎石总质量 m_2。

B.3.6　计算碎石满铺撒布量、碎石设计撒布量。

$$P_{gs} = \frac{m_2 - m_1}{S} \tag{B.1}$$

$$P_{gd} = P_s \times P_{gs} \tag{B.2}$$

式中：P_{gs}——碎石满铺撒布量（kg/m^2）；

P_{gd}——碎石的设计撒布量（kg/m^2）；
m_1——受样盘与胶结料的质量（kg）；
m_2——受样盘、胶结料及碎石的合计质量（kg）；
P_s——碎石的设计覆盖率（%）；
S——受样盘的面积（m^2）。

B.3.7 取三次平行试验的平均值作为碎石设计撒布量。

附录 C　胶结料设计洒布量确定方法

C.1　目的与适用范围

本方法适用于确定胶结料爬升至碎石 2/3 高度时单位面积上胶结料的质量。

C.2　仪具与材料

C.2.1　受样盘：车辙板模具。

C.2.2　天平：感量不大于 10g。

C.2.3　钢卷尺或皮尺。

C.3　方法或步骤

C.3.1　将拟撒布的单一粒径碎石洗净、烘干，加热至 120～140℃。

C.3.2　用钢卷尺测量受样盘开口面积 S，精确到 0.1cm^2。用天平称取受样盘的质量 m_1，准确至 0.1g。

C.3.3　在 3 个已知面积 S 的受样盘上均匀洒布一层沥青胶结料，称取受样盘和胶结料质量 m_1、m_2和 m_3。

C.3.4　将加热的碎石按照设计覆盖率均匀撒布在受样盘上，并挤压碎石使其被沥青裹覆。

C.3.5　待碎石和胶结料温度降至室温，分别观察沥青裹覆碎石情况，并测量沥青爬升高度，估算沥青爬升高度与碎石粒径的比值 λ。3 组中必须有一组 λ 值大于 2/3，否则增加试验次数并加大沥青用量，直到 λ 值大于 2/3。

C.3.6　绘制胶结料与 λ 的关系曲线，取 $\lambda=2/3$ 时对应的胶结料质量 m。

C.3.7 计算设计覆盖率下的胶结料设计洒布量。

$$p_{\mathrm{bd}}=\frac{m}{S} \tag{C.1}$$

式中：P_{bd}——胶结料的设计洒布量（$\mathrm{kg/m^2}$）；

m——$\lambda=2/3$ 时对应的胶结料质量（$\mathrm{kg/m^2}$）；

S——受样盘的面积（$\mathrm{m^2}$）。

C.3.8 取三次平行试验的平均值作为胶结料的设计洒布值。